EXAMEN ARCHÉOLOGIQUE

D'UNE

MINIATURE EXÉCUTÉE AU XVIE SIÈCLE

ET DU TABLEAU REPRÉSENTANT

NOTRE-DAME DES VERTUS

de Ligny-en-Barrois

PAR

L. MAXE-WERLY

MEMBRE NON RÉSIDANT DU COMITÉ DES TRAVAUX HISTORIQUES
ET SCIENTIFIQUES

BAR-LE-DUC

IMPRIMERIE CONTANT-LAGUERRE

1895

EXAMEN ARCHÉOLOGIQUE

D'UNE

MINIATURE EXÉCUTÉE AU XVIE SIÈCLE

ET DU TABLEAU REPRÉSENTANT

NOTRE-DAME DES VERTUS

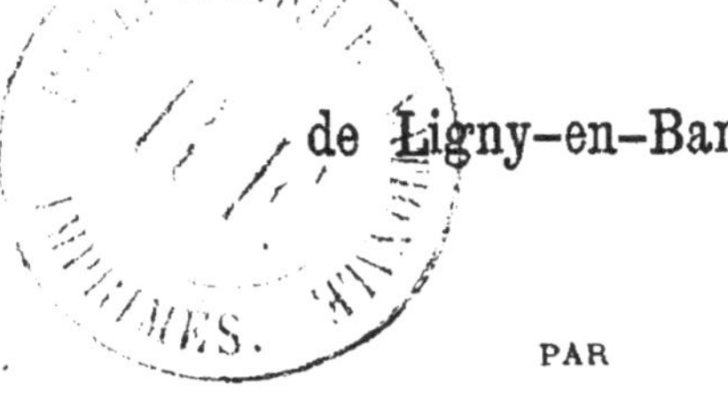

de Ligny-en-Barrois

PAR

L. MAXE-WERLY

MEMBRE NON RÉSIDANT DU COMITÉ DES TRAVAUX HISTORIQUES
ET SCIENTIFIQUES

BAR-LE-DUC

IMPRIMERIE CONTANT-LAGUERRE

1895

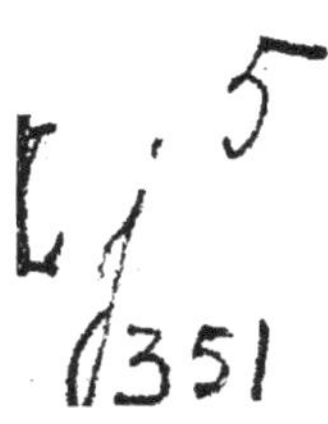

Extrait des *Mémoires de la Société des Lettres, Sciences et Arts* de Bar-le-Duc.
3e série, tome IV.

BAR-LE-DUC, IMPRIMERIE CONTANT-LAGUERRE.

Phot. J. Royer, Nancy.

FRONTISPICE

DES

STATUTS DE LA COLLÉGIALE

de Saint-Pierre de Bar

EXAMEN ARCHÉOLOGIQUE

D'UNE

MINIATURE EXÉCUTÉE AU XVIE SIÈCLE

ET DU TABLEAU REPRÉSENTANT

NOTRE-DAME DES VERTUS

de Ligny-en-Barrois.

DANS un dossier de notes et de plans manuscrits, réuni par M. Th. Oudet sous le titre : *Monuments de la Meuse*, et dont j'avais fait l'acquisition à la mort de sa veuve, se trouvait la note suivante : « Planche peinture manuscrite, in-4°, sur vélin, représentant Édouard *duc* de Bar présentant à l'évêque de Toul ses lettres de la fondation du Chapitre de Saint-Pierre, lettres en date du 7 août 1315 ».

Au bas de cette note, M. Oudet ajoutait : « M. Servais possède ou connaît le manuscrit ».

J'avais alors prêté peu d'attention à ce renseignement, donnant, sans doute, par inadvertance, le titre de *duc* au comte Édouard II, quand, au mois de septembre dernier, en mettant un peu d'ordre dans les dessins et gravures provenant du don Servais, je rencontrais, obtenue par le décalcage sur papier pelure et mise en couleur, la reproduction de la planche signalée par l'ancien conservateur du Musée. Cette pièce, œuvre d'une main peu habile dans ce genre de travail, présentait cependant un intérêt trop grand pour être remisée dans un carton sans avoir été l'objet de quelques recherches ; je m'empressais donc de recourir au fonds Servais, si riche en renseignements sur l'histoire du Barrois, et là, dans le dossier consacré aux événements de l'année 1315, je rencontrais la note suivante :

« On trouve dans un volume manuscrit en parchemin de « l'ancien Chapitre de Saint-Pierre, composé vers la fin du xve « siècle ou au commencement du xvie, et qui renferme les « statuts du Chapitre, un dessin colorié représentant le comte « Édouard tenant dans ses mains la lettre de fondation du Cha- « pitre de Saint-Pierre qu'il présente à l'évêque de Toul *debout* « *sous un portique.* Près de lui, à droite du prélat, on remar- « que deux personnages debout qui sont peut-être Errard et « Pierre de Bar, oncles du jeune comte, ou deux des princi- « paux gentilshommes de la cour ; à la gauche du prélat sont « quatre clercs dont l'un placé en face d'Édouard tient le livre « des évangiles. Il y a beaucoup d'apparence que le prélat, « qui a les mains posées, l'une sur les lettres de fondation « tenues par Édouard et l'autre sur le livre des évangiles, est « représenté au moment où il jure soit d'approuver la fonda- « tion, soit de tenir la main à l'exécution des stipulations por- « tées dans les lettres du comte de Bar.

« Le fait a dû se passer soit en 1315, soit en 1318, date de « la confirmation par l'évêque Jean d'Arzillières ».

Si notre très regretté confrère a omis de mentionner, dans cette note intéressante, en quelles mains se trouvaient le précieux manuscrit, au temps où il fit faire une copie de la principale des miniatures, nous savons tous qu'à la mort de M. l'abbé Trancart, ce manuscrit se trouvait dans la bibliothèque du vénérable chanoine en compagnie d'un autre fort intéressant, exécuté également au xvie siècle, renfermant les statuts de la Collégiale de Saint-Maxe de Bar rédigés en 1313 par *Stephanus de Salsibus*, doyen du Chapitre (1).

Ce qui, dans cette reproduction, frappa plus particulièrement mon attention, fut l'encadrement fait de fleurs, de fruits et de papillons, mode de décoration qu'on rencontre pour la première fois dans les *Heures d'Anne de Bretagne*, puisque cette constatation fort importante devait autoriser à reporter au XVIe siècle bon nombre de tableaux que, jusqu'alors, on était tenté d'attribuer à des temps bien antérieurs. On sait que ce curieux livre de prières, aux armes de cette princesse et aux initiales A L répétées sur les quatre coins de la dernière page, dut être exécuté dans les premières années du mariage d'Anne de Bretagne avec le roi Louis XII, célébré le 7 janvier 1499. Le nom de l'artiste ou du moins du principal artiste qui travailla aux *Heures* est mentionné dans un mandement daté de Blois, le 14 mars 1508, où la reine ordonne de payer « à nostre cher et bien « amé Jehan Bourdichon, painctre et valet de chambre de « Monseigneur », la somme de six cents écus d'or « pour avoir « richement et somptueusement historié et enlumigné unes « grandes heures pour nostre usaige (2) ».

Le mode de décoration qui caractérise cette œuvre de Jehan Bourdichon paraît avoir joui d'un certain succès à l'époque de son apparition; au commencement du XVIIIe siècle il fut, de la part d'Antoine de Jussieu (1686-1758), l'objet d'une étude spéciale dont M. Ludovic Lalanne a publié le manuscrit demeuré inédit. « Sur chacun des feuillets de ce manuscrit est peinte à la marge, en manière de vignette, une plante en miniature

(1) Ce manuscrit a été exécuté au temps de François Brulé, doyen de la Collégiale de Saint-Pierre de Bar de 1503 à 1513.

Sur le tableau qui se déroule au-dessus de la scène du crucifiement se lit l'inscription :

In nomine Domini nostri Jhū X̄sti. amē.
Nos Franciscus Brule decanus totusque...
Capitulus ecclē insignis collegiate
S̄ci Petri de Barroduce Tullensis diocesis.

(2) *Nouvelles archives de l'Art français*, 1880-1881, p. 1-11.

avec le nom latin au-dessus et le français au bas » ; puis, ajoute le célèbre botaniste, « on peut dire que l'on ne croit pas qu'il eut alors rien paru de mieux, tant par le coloris que par la ressemblance de toutes les parties de ces plantes, ce qui marque que dans presque toutes, cet ouvrage a été exécuté d'après nature..., elles sont pour la plupart si connaissables d'elles-mêmes, qu'elles n'auraient besoin d'aucuns noms pour les faire distinguer, parce que presque toutes ou sont si usuelles ou si communes qu'elles se présentent tous les jours sous les yeux... telles que des espèces de véronique, d'ancolie, de groseillier, de violettes, d'aster, de pied d'alouette, de pomme de roueau d'œillet et de lychnis (1) ».

Si donc la date de l'exécution des *Heures d'Anne de Bretagne* est fixée aux premières années du XVIe siècle, et si aucune autre œuvre du même genre n'est apparue antérieurement à cette époque, il devient évident que le manuscrit des statuts du Chapitre de Saint-Pierre de Bar, est plus récent de quelques années (2).

Dans la marge du cadre de la miniature, objet de la présente étude, on retrouve les fleurs les plus communes de nos jardins : l'œillet, l'ancolie, la rose, la violette, le pavot ouvert, le pavot fermé, etc.

Je relève dans la description donnée par V. Servais une légère inexactitude. L'évêque Jean d'Arzillières me paraît être assis sur un siège à dossier et non debout sous un portique ; ce siège est une stalle dans le goût de la Renaissance. A la gauche sont les membres du clergé de Toul présents à la cérémonie ; à la droite, derrière le comte, se tiennent au second plan deux seigneurs de la suite d'Édouard ou deux des gentilshommes qui prirent part à la fondation du Chapitre de Saint-Pierre de Bar, au nombre desquels figurent en première ligne : Ancel de Joinville, seigneur de Reynel, Brenique de Riste, Phelippe, châte-

(1) *Mémoire inédit d'Antoine de Jussieu sur le livre des Heures d'Anne de Bretagne. Bull. historique et philologique du Comité des Travaux historiques et scientifiques,* nos 3-4 de 1886.

(2) Les statuts du Chapitre de Saint-Pierre furent remaniés ou révisés par François Brulé, doyen du Chapitre, qui mourut en 1513.

Phot. J. Royer, Nancy.

TABLEAU

DE

NOTRE-DAME-DES-VERTUS

DE LIGNY-EN-BARROIS.

lain de Bar, Colart Wilequart, Pierre de Narcey, Jean d'Aussincourt, tous chevaliers.

Pour les mêmes raisons, j'assigne une époque moins ancienne encore au tableau de l'image miraculeuse de Notre-Dame des Vertus de Ligny, qu'une tradition, entretenue dans le public peu éclairé, persiste à attribuer à saint Luc l'évangéliste, quand depuis longtemps les écrivains les plus religieux ont relégué cette pieuse légende au rang des fables.

Si l'on devait en croire une ancienne charte conservée, dit-on, dans les archives de l'ancienne collégiale de Ligny, le pape Urbain IV, qui vivait dans le treizième siècle, aurait fait présent à Charles d'Anjou, roi de Sicile, de l'image de la très sainte Vierge mère de Dieu, *sur papier*, que plusieurs miracles rendaient déjà célèbre. La reine Jeanne l'aurait ensuite donnée à des Chartreux, qui la conservèrent religieusement jusqu'en 1435. A cette époque de graves dissensions étant survenues entre René, duc de Bar et de Lorraine, et Alphonse, roi d'Aragon, au sujet du royaume de Sicile, les moines, qui craignaient d'être dépossédés et cherchaient la protection de René, firent présent de cette précieuse image à son écuyer, Antoine de La Salle. Quelques années plus tard, en 1469 (1), alors qu'il était gouverneur des enfants de Louis de Luxembourg, ce même Antoine l'aurait déposée à la collégiale de Ligny, où elle serait devenue l'objet d'une vénération toute particulière.

C'est là, toujours suivant la légende, que ladite image se trouvait en 1544, lors de la prise et du sac de la ville de Ligny par l'armée de Charles-Quint. Alors, est-il rapporté dans cette charte : « Un soldat ayant enlevé notre image de dessus l'autel même, où elle était placée, la plia, la mit dans son livre, *in libro complicatam asportavit*, et l'emporta. Dans la nuit suivante, Dieu permit que, l'ordre de partir ayant été subitement donné, le soldat quitta son domicile sans penser à son livre et à l'image. La servante du logis l'ayant trouvée, la donna à son maître qui, l'ayant dépliée, l'appliqua sur une planche comme on la

(1) Le R. P. Chevreux dit que ce don fut fait le 2 février, fête de la Purification 1459.

voit aujourd'hui. Le nom de ce pieux hôte mérite d'être inséré dans nos annales. Jean le Lièvre, habitant d'un village appelé le Bouchon, fut cet heureux *Obédédom*, chez qui l'Arche demeura jusqu'à ce que Marguerite, veuve d'Antoine de Luxembourg, comte de Ligny, l'ayant fait reconnaître, la fit rendre à notre église en 1581. C'est là que, sur un autel dédié autrefois à sainte Marie-Madeleine et aujourd'hui à la bienheureuse Vierge mère de Dieu, sous le titre de Notre-Dame des Vertus (1), cette image est conservée avec autant de soin que de piété, et qu'elle y est honorée comme la Protectrice de la ville et de tout le pays... ».

Telle est la leçon insérée dans l'*Officium Beatæ Mariæ Virginis sub titulo de Virtutibus* approuvé, le 20 mai 1768, par l'évêque de Toul.

Tout ce récit, développé avec tant d'imagination et d'habileté par l'auteur des *Chroniques barroises*, serait tiré d'un manuscrit, « *copié* (en l'an 1581) *sur des anciennes copies, quasi toutes usées et en pourriture, hormis l'écriture bien lisible, et même lesdites copies en papier mort, relié et raccommodé aux rives et confins, par le relieur-libraire, à cause de l'antiquité, qui est de l'an mil quatre cent cinquante-neuf que ladite image a été donnée au Chapitre de Ligny* (2) ».

L'image miraculeuse de Notre-Dame des Vertus ne pouvant être antérieure aux premières années du XVIe siècle, je vais examiner, à un point de vue purement historique, ce que l'on sait de la prétendue charte de 1581 et du tableau en question,

(1) La chapelle de Sainte-Marie-Madeleine fondée en 1363 par Thibaut de Tréveray, chanoine de Ligny, conseiller du duc de Bar et de Valéran, seigneur de Ligny, peut-elle être confondue avec la chapelle Notre-Dame établie sous ce nom en 1459, dotée généreusement par Marguerite de Savoie en 1553, depuis dénommée *Notre-Dame des Vertus?*

(2) Ce manuscrit, rédigé et écrit par un certain Michel Major, fut copié textuellement sur l'original par l'abbé Comus et offert par lui à M. l'abbé Goujet, ancien vicaire de Ligny, depuis curé de Saint-Sauveur de Verdun. La légende qui s'y trouve rapportée a été récemment reproduite dans un *Mémoire sur le portrait de Marguerite de Savoie à l'hôtel-de-ville de Ligny*, publié dans le *Journal de la Société d'archéologie lorraine*, 1882, p. 22.

puis démontrer, sans porter atteinte à la dévotion des âmes pieuses, que la légende, telle qu'elle est rapportée, ne repose sur aucune base sérieuse.

Les documents mis à ma disposition ne m'ont point permis de constater l'existence de l'image vénérée antérieurement à l'année 1549, et c'est inutilement que j'ai consulté les papiers laissés par le vénérable abbé Comus, qui, on le sait, consacra sa vie à préparer une histoire de Ligny et s'occupa tout particulièrement du culte de Notre-Dame des Vertus. A cette époque, objet d'une dévotion toute particulière de la part de Marguerite de Savoie, comtesse de Ligny, « *l'ymaige de Notre-Dame des Vertus* » était suspendue dans la chapelle Notre-Dame, qui, seulement en 1569, prit la dénomination de Notre-Dame des Vertus (1), et y demeura jusqu'à l'époque de la Révolution.

On doit croire que la grande dévotion de la comtesse de Ligny pour cette image de la Sainte Vierge avait alors attiré l'attention pieuse des habitants; toutefois, les actes officiels qui en font mention au XVIe siècle ne parlent point encore de miracles accomplis. Dans les premières années du XVIIe, sa renommée s'étant accrue, il y aurait eu, dit-on, deux sanctuaires possédant l'un et l'autre une image de la Sainte Vierge, « toutes deux également célèbres par les prodiges dont elles auraient été les instruments (2) ».

En effet, dans « *La triple couronne de la Bienheureuse Vierge*

(1) Petit cartulaire, cote Q.

La chapelle Notre-Dame des Vertus a été fondée par Marguerite de Savoie, ainsi qu'il résulte des termes de plusieurs actes de fondation faits par cette princesse, le 8 juillet 1575, en l'honneur de saint Blaise, de saint Grégoire, de saint Humbert, de saint Gabriel. Cette chapelle existait dès 1459 sous le nom de *Chapelle Notre-Dame.* Une autre, également nommée Notre-Dame des Vertus aurait, selon l'abbé Comus, été établie en 1663, puis confirmée en 1665 par Massa, doyen de la Collégiale. Voir à ce sujet le décret de François Blouet de Camilly, évêque de Toul, du 23 février 1712.

(2) L'abbé Guillaume, *Histoire du culte de la Très Sainte Vierge en Lorraine.*

mère de Dieu », ouvrage publié en 1630, par le Père François Poiré, il y aurait existé « à Ligny, qui est à deux lieues ou environ de Bar-le-Duc, une image de Notre-Dame, laquelle a fait plusieurs miracles et en fait encore tous les jours. On a essayé plusieurs fois de l'embellir, mais elle n'a jamais voulu souffrir ni peinture, ni dorure quelconque. En l'église collégiale de la même ville, il y en a une autre de la façon de saint Luc, à ce qu'on dit, ou du moins retirée sur celles qui sont sorties de la main du saint évangéliste, qui est aussi grandement renommée, et nommément pour les enfants morts-nés, qui, ayant été portés au lieu où elle est gardée, ont donné des signes de vie suffisants pour recevoir le baptême ». Cette dernière image, dit M. l'abbé Guillaume, ne peut être que celle qui se voit aujourd'hui dans l'église paroissiale.

Cette légende se retrouve sensiblement modifiée dans le passage suivant, emprunté à l'*Atlas Marianus* de Guillaume Gumppenberg (1), et communiqué à cet auteur par le révérend père Thomas le Blanc, de la Société de Jésus, que je crois avoir été recteur ou régent du collège de Pont-à-Mousson. En voici la traduction :

« Ligny est une ville de Lorraine, où est vénérée une statue de la Vierge, miraculeuse de toute antiquité. Ladite image étant de bois et très vieille, et peut-être même dégradée par la vermoulure, on essaya plusieurs fois de l'embellir avec de l'or en feuilles. Mais la Vierge témoigna son mécontentement de cette révérence intempestive, et l'on raconte que la statue elle-même refusa cet or. Tandis qu'on la dorait, elle supporta, à la vérité, la main et l'outil de l'ouvrier, mais le jour suivant tout l'or tomba en miettes et en morceaux de la sainte statue. Elle n'en devint que plus précieuse aux gens du pays (2). »

(1) 1672, petit in-f° en deux volumes.

(2) « *Lignium oppidum est Lotharingiæ in quo colitur Deiparæ statua jam ab antiquo miraculosa. Hæc lignea cum sit et vetusta, fortassis etiam à carie non parum invenusta, non semel tantârunt eam auro bracteato reddere pulchriorem, non placuisse Virgini inofficiosum obsequium, argumento fuit, quod et ipsa statua aurum res-*

J'ignore ce qu'est devenue cette statue miraculeuse, pour laquelle la vénération des habitants de Ligny était si grande à la fin du XVIIe siècle, et ne puis m'expliquer comment elle ait pu disparaître au XVIIIe, sans que le fait de sa destruction n'ait laissé aucune trace dans les écrits du temps. La prétendue charte de 1581 ne fait point allusion à l'existence à Ligny d'une statue miraculeuse; les écrits de l'abbé Comus, mis à ma disposition, n'en font point mention, et personne aujourd'hui n'a conservé le souvenir de cette image si précieuse, dénommée *Imago. B. V. Miraculosa* LIGNIENSIS et non de VIRTUTIBUS, qualification réservée sans doute au tableau, conservé aujourd'hui dans l'église paroissiale, mais dont Gumppenberg et le père Thomas le Blanc ne paraissent point avoir soupçonné l'existence. On ne saurait s'étonner de la naïveté de ces croyances quand, à notre époque, on entend chaque jour affirmer que les *Vierges noires* de nos grands centres de pèlerinages nous viennent de l'Orient ou remontent au temps des Druides, qui, paraît-il, rendaient un culte secret à la Vierge Marie : *Virgini Pariturae* (1). En rappelant l'origine de la Vierge de Mende, Monseigneur le cardinal Bourret, de Rodez, s'exprimait ainsi :

« Les chroniques antiques veulent même y reconnaître la main du prophète Esaïe, comme si ce grand voyant avait essayé déjà de sculpter, sur les térébinthes ou les sycomores d'Israël, le type de l'Immaculée, qu'il avait aperçu dans les lointaines profondeurs des miséricordes divines ».

L'histoire du tableau miraculeux étant connue depuis le XVIIe siècle, je vais reprendre l'examen de chacun des faits consignés

puerit : et vero dum obduceretur, pictoris manum, et dentem tulisse patienter; altero tamen die omne aurum bracteatim et frustillatim à S. Statua decidisse. Ita adhuc pretiosior incolis est facta.

R. P. Thomas le Blanc, *Societatis Jesu.* »

(1) L'abbé Bulteau, *Description de la cathédrale de Chartres*, 1850. On aurait trouvé, en 1833, à Châlons-sur-Marne, sur l'emplacement d'un temple païen, une pierre avec cette inscription : VIRGINI PARITVRÆ DRVIDES (*Annales de philosophie chrétienne*, t. VII, p. 238).

dans la prétendue charte de 1581 et rechercher l'époque probable à laquelle s'est formée la légende de Notre-Dame des Vertus de Ligny.

Le tableau peut-il être l'œuvre de saint Luc?

Résolue depuis longtemps dans le sens négatif par les auteurs les plus autorisés, qu'ils appartiennent au monde religieux ou à celui des critiques d'art seuls compétents pour bien juger de l'antiquité des prétendues peintures attribuées au saint évangéliste, cette légende a été reléguée au rang des fables et ne saurait soutenir un examen sérieux. Aussi aurais-je négligé d'y revenir dans cette étude, si je n'avais rencontré, dans notre région, quelques personnes affligées de me voir attaquer une tradition respectable il est vrai, mais dont la critique a depuis longtemps fait justice.

Ici je consulte les auteurs qui, les premiers, se sont occupés du culte de l'image vénérée.

Dès l'année 1630, l'opinion accréditée aujourd'hui ne paraît pas avoir été bien établie; le Père Poiré voyait en cette image une copie des tableaux peints par saint Luc; cette croyance peut avoir été partagée par quelques-uns de ses contemporains (1).

L'abbé Comus repoussait comme inacceptable l'attribution légendaire de ce tableau au saint évangéliste, il le croyait cependant sorti des mains d'un maître : « *Les traits de la Vierge,* dit-il, *sont admirables, les poses parfaites et l'ensemble des figures, car il y a groupe, n'est pas moins remarquable* ».

Le R. P. Chevreux est moins enthousiaste; il ne voit dans l'image vénérée qu'une simple peinture dont l'origine, selon les documents les plus certains, ne fut consacrée par rien de merveilleux. « *Tout,* dit-il, *paraît prouver que ce tableau est dû au pinceau d'un peintre florentin du Xe siècle appelé* LUCA, *dont le talent s'exerçait de préférence à peindre des images de la*

(1) Voir l'édition des Bénédictins de Solesmes, 1849, t. I.

Sainte Vierge et qui, pour cette raison, fut surnommée le Saint, d'où l'on a fait SANTO LUCA (1) ».

Or cette opinion, établie sur l'existence fort problématique d'un peintre du nom de Luc, est empruntée à la correspondance imaginaire échangée entre Ligier Richier et Errard de Bar-le-Duc, œuvre de Th. Baillot, l'auteur des *Chroniques barroises*, fantaisie littéraire trop souvent prise au sérieux même par quelques érudits (2).

Aussi est-il permis de s'étonner d'entendre affirmer qu'après avoir repoussé l'antique croyance qui faisait de saint Luc un peintre, la science moderne s'était vue dans l'obligation de revenir sur ses pas et de se désavouer. « Certains documents des premiers siècles de l'Église autorisant à croire que le bienheureux évangéliste était peintre et qu'il avait fait le portrait de la Très Sainte Vierge ». M. l'abbé Simon, à qui j'emprunte cette citation, n'a pas craint d'avancer qu'en 1860, une commission de peintres et d'archéologues a reconnu le tableau de Sainte-Marie Majeure offrant l'image de la Vièrge, qu'il soit l'original de saint Luc ou seulement une copie, comme antérieur à Constantin ! c'est-à-dire antérieur au IVe siècle.

Une telle affirmation publiée, en 1875, dans un opuscule intitulé : *Le Pèlerinage de Notre-Dame des Vertus à Ligny-en-Barrois* (3) ne pouvant demeurer sans réponse, je crois devoir, avant de la combattre, faire précéder mes arguments de la réflexion suivante, que j'emprunte à un des auteurs précités :

(1) *Notre-Dame des Vertus à Ligny-en-Barrois*, Bar-le-Duc, 1864, in-12.

(2) A. du Chalais, *Etudes archéologiques sur le département de la Meuse*. — Voir *Revue de la Meuse*, t. II, 1842, p. 143 (A. de Longpérier, au lieu de COLLIVS proposait de lire COELIVS et de reconnaître dans ce nom celui d'un membre de la famille romaine *Coelius*). — Léon Rénier, *Itinéraires romains de la Gaule*, p. 104. — Ern. Desjardins, *Géographie de la Gaule*, 1869, p. 136. — Ch. Bonne, *Jean Thiriot de Vignot : Mém. de la Soc. des Lettres, Sciences et Arts de Bar-le-Duc*, 1874, p. 124. Voir *Collection des monuments épigraphiques du Barrois*, même collection, 1882, p. 205.

(3) Page 18, note 1.

« Sans doute, rien n'est plus légitime que de laisser son âme s'enthousiasmer pour le culte d'une image qui a tant de droit à la vénération de tous; mais s'il est utile de présenter les faits de l'histoire avec tous les détails qui peuvent les rendre plus sensibles, et les fixer profondément dans l'esprit, n'est-il pas souverainement dangereux, pour ne pas dire plus, d'altérer la vérité et l'entourer de fictions qui l'outragent, surtout quand il s'agit de choses si saintes, et qui touchent de si près aux manifestations de la foi (1) ».

Il importe peu de connaître les noms et la notoriété scientifique des peintres et archéologues réunis en 1860 pour juger de l'antiquité du tableau de Sainte-Marie-Majeure, ce qu'il convient de savoir, c'est que cette légende était inconnue aux auteurs des premiers siècles de l'Église : Irénée (140-202), Eusèbe (267-338), saint Jérôme (331-420). « Aujourd'hui, dit l'abbé Martigny, il est clairement démontré que saint Luc, médecin de profession, comme nous l'apprend saint Paul : Ἀσπάζεται ὑμας Λουκᾶς ὁ ἰατρὸς ὁ ἀγαπητὸς (2), resta toujours étranger à l'art ou même au talent dont on lui fait honneur dans des temps relativement modernes (3) ».

Suivant une tradition grecque, saint Luc, ayant fait le portrait de la Mère de Dieu, alors fixée à Jérusalem, sur le mont de Sion, aurait reçu pour son œuvre, avec l'approbation de la Sainte Vierge, cette promesse : « *Ma grâce sera toujours avec cette image* ». Selon une autre tradition de même origine, le saint évangéliste aurait fait non seulement sept copies de ce portrait, mais encore sculpté de ses mains deux statues de la Mère du Sauveur et plusieurs reproductions en ronde bosse.

M. l'abbé Bourassé (4) rapporte que, selon saint Jean Damascène (676-760), saint Luc aurait fait un portrait de la Vierge qu'il envoya à l'empereur Théophile. Ce tableau,

(1) R. P. Chevreux, *Notre-Dame des Vertus*, ch. IV, p. 51.
(2) *Épitre aux Colossiens*, ch. IV, verset 14.
(3) *Dict. des antiquités chrétiennes*. p. 657.
(4) *Histoire de la Vierge Marie.*

ajoute-t-il, aurait été détruit par les Turcs lors de la prise de Constantinople en 1453. Or le disciple de saint Paul, qui écrivit le troisième évangile et les Actes des apôtres à la fin du premier siècle, ne peut avoir adressé une œuvre quelconque à l'empereur Théophile qui régna de 829 à 842.

Ces traditions, ces récits, sont au surplus en contradiction avec une déclaration formelle de saint Augustin (354-430), nous apprenant que de son temps on ne connaissait aucun portrait authentique de la Mère de Dieu : « *Neque novimus faciem Virginis Mariae* ».

Malgré leur invraisemblance évidente, comme à l'heure présente certaines publications très répandues dans le monde religieux semblent vouloir éterniser ces légendes repoussées par les esprits les plus sérieux, il n'est point inutile de rechercher quand et comment cette légende a pris naissance (1).

J'emprunte à un critique d'art, dont la profonde érudition ne saurait être mise en doute, les citations suivantes qui pourraient intéresser mes lecteurs :

« Antérieurement au ve siècle, le dogme avait soustrait à toute tentative d'émancipation l'image de la Vierge, sans pou-

(1) Dans un article sur *Notre-Dame du lys* (voir le supplément à « La Croix meusienne », n° 127), il est dit : « Depuis *saint Luc* jusqu'à Fra Angelico, depuis les travailleurs obscurs des *Catacombes* jusqu'à nos artistes modernes, la peinture et la statuaire, agenouillées devant l'incomparable Vierge Marie ont bien des fois essayé d'en fixer les traits sur la toile ou le marbre ».

L'abbé Maynard, dans son grand ouvrage : *La Sainte Vierge* (Didot, 1877, in-4°), réédite le récit poétique écrit par Schlegel sur le premier des portraits de Marie attribué à saint Luc, puis il ajoute : « Il est à peu près certain qu'un de ces portraits, peint à l'encaustique, fut conservé d'abord à Antioche et de là envoyé par l'impératrice Eudoxie, épouse de Théodose le Jeune, à Constantinople, où on le déposa dans l'église des *Guides* construite exprès pour le recevoir ».

Or, rien n'est moins établi que cette affirmation de M. l'abbé Maynard. Saint Luc n'aurait pu faire le portrait de la Mère de Dieu alors qu'elle nourrissait son divin Enfant, n'ayant connu Marie que sexagénaire. Toutefois, s'il ne fut point le peintre de la Sainte Vierge, il en est assurément le premier historien, car c'est à lui que l'on doit de connaître tout ce que l'on sait de sa vie, en dehors des récits empruntés aux évangiles apocryphes.

voir cependant en arrêter les traits. Les Docteurs et les Pères n'étaient pas d'accord : tandis que le plus grand nombre d'entre eux cherchaient dans Marie l'idéal de toutes les beautés, religieuse, morale et physique, quelques-uns voulaient envelopper de laideurs apparentes les perfections divines. Au commencement du ve siècle, les doutes parurent être levés. Eudoxie, fatiguée des injustes soupçons de Théodose II, se retire à Jérusalem, d'où elle envoie d'abondantes reliques à l'impératrice Pulchérie, et du milieu de ces reliques surgit une image de la Mère de Dieu, que les théologiens par un coup d'autorité attribuèrent à saint Luc. C'en était fait pour plusieurs siècles de toutes les dissidences iconographiques. Saint Luc fut institué par l'orthodoxie comme le peintre par excellence de la Vierge; l'église des Adégores fut aussitôt construite pour recevoir le tableau de l'évangéliste et, sous peine d'hérésie, il ne fut plus permis de s'écarter de ce modèle (1) ».

Si dans les Catacombes on a rencontré des images offrant la représentation de la Mère du Sauveur, il ne faut pas oublier qu'alors on peignait plutôt les faits que les personnes. Dès lors on comprend « qu'on a pu songer à représenter la Sainte Vierge sous des traits qui lui fussent véritablement appropriés, soit d'après ce que l'on pouvait savoir par la tradition, soit d'après l'idée que l'on pouvait se faire de ses perfections physiques; à faire, en un mot, son portrait vrai ou imaginé (2).

(1) F. A. Gruyer, *Les Vierges de Raphaël et l'iconographie de la Vierge*, Paris, 1869, 3 vol. in-8°, t. I, p. 65. — Les copies qui s'en trouvent à Rome et partout ailleurs en Italie ont, en effet, un accent décidé d'archaïsme byzantin qu'on ne rencontre à ce degré dans aucune œuvre authentique antérieure à la fin du ve siècle.

(2) Grimoüard de Saint-Laurent, *Guide de l'art chrétien*, t. III, p. 58, note : « La Vierge, dit Nicéphore, d'après saint Epiphane (320-423), avait le teint couleur de froment qui commence à mûrir, les cheveux blonds, les yeux vifs, la prunelle tirant sur le jaune et à peu près de la couleur de l'olive, les sourcils d'un beau noir et bien arqués, le nez assez long, les lèvres vermeilles. La figure n'était ni ronde, ni allongée, mais un peu ovale; elle avait les mains et les doigts longs ».

Il s'agit sans doute de Nicéphore Calixte, moine historien grec, mort vers 1350, qui a donné le portrait de Notre Seigneur d'après la tradition byzantine et non de Nicéphore patriarche de Constantinople de 806 à 826.

L'attribution du tableau de Ligny à un peintre florentin du Xe siècle, du nom de Luc, pouvait-elle présenter quelque garantie d'exactitude?

En reproduisant cette attribution empruntée au roman du commandant Baillot, le R. P. Chevreux reportait l'existence du prétendu *Luca Santo* au xe siècle, quand d'autres l'ont placée au xie. Il ne m'a pas paru nécessaire de m'inquiéter si un peintre de ce nom a existé à l'une ou l'autre de ces époques, car la mention d'un portrait de la Vierge par Théodore le Lecteur (1), qui vivait au vie siècle, dépouille de toute valeur la conjecture de Manni et de Lanzi (2) en faveur d'un peintre du onzième siècle dénommé par ces savants *Luca Santo*.

L'explication la plus rationnelle de cette légende paraît être celle que l'abbé Greppo adopte d'après Tillemont (3) : « On pourrait présumer, dit-il, que même avant le cinquième siècle un peintre portant le nom de l'évangéliste saint Luc, s'exerçant sur les objets pieux, aurait existé en Orient, où on l'aurait confondu plus tard avec son patron, erreur qui aurait passé ensuite en Occident avec les peintres byzantins ».

Les Madones dites de saint Luc sont encore aujourd'hui assez communes, à Rome surtout (4); au Moyen-âge il y avait quantité de prétendus portraits de personnages de l'Écriture sainte. L'archiduchesse Marguerite possédait le portrait du Christ « *peint d'après nature* » et un portrait de la Sainte Vierge « peint par saint Luc, morceau pour lequel Charles-Quint professait la plus grande estime. Aucun doute impie ne troublait alors la jouissance et la possession d'un tableau; c'é-

(1) *Collectanea Historiæ Ecclesiasticæ.*

(2) Voir Raoul Rochette : *Discours sur l'origine et le caractère des types imitatifs qui constituent l'art du christianisme,* in-8o, 1839.

(3) *Notes historiques, biographiques, archéologiques concernant les premiers siècles chrétiens,* p. 31.

(4) L'abbé Martigny : *Dict. des antiquités chrétiennes.* Paris, 1877.

tait le bon vieux temps, l'histoire de l'art n'existait pas encore (1) ».

Quelle est la valeur de la prétendue ressemblance de la Notre-Dame des Vertus avec la Vierge de Sainte-Marie-Majeure?

C'est bien à tort que l'abbé Hamon déclare retrouver une très grande ressemblance entre le tableau de la Vierge de Ligny et ceux des Vierges qui se voient à Bologne et à Sainte-Marie-Majeure de Rome (2); je crains fort que M. le curé de Saint-Sulpice ait été induit en erreur sur ce point, comme sur tant d'autres, par un correspondant de notre pays qui aura puisé ses renseignements dans les *Chroniques barroises*. Voici au surplus la note que M. Durrieu, conservateur-adjoint au Musée du Louvre, m'adressait il y a quelques mois au sujet du tableau de Ligny :

« Cette Vierge est dans le style franco-flamand de l'extrême fin du XVe siècle et du commencement du XVIe; je crois même qu'on peut affirmer qu'elle ne date que du XVIe (vers 1500-1525). Il n'y a aucun souvenir d'un modèle de date antérieure et surtout rien ne rappelle les Madones dites de Saint-Luc ou les Vierges de l'école italienne du XIIIe siècle ».

« La légende de la Vierge donnée à Charles d'Anjou par Urbain IV ne peut donc s'appliquer, ni de près, ni de loin à cette peinture du XVIe siècle, certainement postérieure à l'époque où vivait Antoine de La Salle ».

Cet avis est également celui de MM. L. Courajod et Eug. Müntz, dont tout le monde connaît et apprécie la profonde érudition dans les questions de l'art, surtout à cette époque.

Ajoutons que le tableau de Ligny est daté de la manière la

(1) Moriz Thausing : *Albert Durer, sa vie et ses œuvres*, traduction de Gustave Gruyer, p. 426.

(2) *Notre-Dame de France.*

plus irréfutable par la forme des instruments que tiennent les deux anges musiciens placés à droite et à gauche de la Vierge. L'un joue de la *mandore*, sorte de petit luth très en vogue au XVIe siècle, l'autre de la flûte longue, ou *flûte à bec* qui n'apparaît pas avant le XVe siècle (1).

On n'est nullement fixé sur l'époque à laquelle peut remonter le tableau de Sainte-Marie-Majeure. M. Gruyer croit qu'il arriva en Italie dans le cours du VIe siècle et reconnaît en cette Vierge — attribuée à saint Luc, parce qu'elle est grecque — une des mille reproductions émanées probablement des couvents du Mont-Athos.

Au milieu du XVIIIe siècle, alors qu'on voulait voir dans ce tableau le portrait authentique de la Vierge et reconnaître dans la main qui l'avait peint la main même de saint Luc, le pape Benoît XIV, résumant la croyance de l'Église à cette époque, disait qu'il n'était pas permis à un écrivain pieux de penser le contraire (2). Aujourd'hui les esprits les plus religieux, les plus éclairés, ne sauraient accepter une telle manière de trancher une question où l'art seul, et non la foi, doit servir de guide.

Les nombreuses drescriptions du tableau de Notre-Dame des Vertus sont-elles toutes identiques?

La description de l'image vénérée n'est, paraît-il, pas facile à faire exactement, car celles que j'ai rencontrées ne se ressemblent nullement. Selon la charte de 1581, cette image serait en papier; l'abbé Comus la croyait peinte sur soie ou sur une toile excessivement fine; enfin, il paraît, au jugement de certaines personnes qui purent, dit-on, examiner minutieusement ce tableau, que l'image serait sur toile suivant les uns, ou sur vélin suivant les autres (3).

(1) A. Jacquot : *Dict. des Instruments de Musique,* 1886, et *la Musique en Lorraine,* 1886.

(2) *Traité du peintre chrétien, de d'Ayala,* liv. IV, ch. x, p. 2.

(3) Ce tableau mesure 34 cent. de hauteur sur 28 cent. de largeur.

L'abbé Comus voulait que la Vierge de Ligny fût sortie des mains d'un maître; le R. P. Chevreux ne paraît pas estimer cette toile qu'il juge médiocre; toutefois, il en donne une description si étrange qu'on est tenté de croire que l'auteur de l'ouvrage de *Notre-Dame des Vertus* n'a jamais vu le tableau de l'église de Ligny, dont il a célébré les mérites.

Sur ce tableau, où sur un fond d'or se détache l'image de la Vierge revêtue d'une robe écarlate et d'un manteau parsemé d'étoiles dorées, le R. P. Chevreux a vu, au-dessus des deux anges aux ailes déployées, les armoiries de Charles d'Anjou, puis dans le champ les figures des Apôtres qui, dominant le groupe entier, contemplaient le Fils de Dieu fait homme offrant une fleur à sa mère. Enfin, dans une publication toute récente : *Histoire illustrée des pèlerinages français de la Très Sainte Vierge* (Le R. P. Drochon, librairie Plon, in-4°, p. 1194), je trouve la description suivante : « Ce qui, depuis cinq siècles, attire le Barrois à Ligny, est un tableau sur fond d'or, comprenant quatre personnages. La Mère de Dieu en occupe le centre et fixe sur son divin Fils, étendu sur ses genoux, un regard d'une inexprimable tendresse. A droite et à gauche, deux anges jouant dans des instruments de musique. C'est une copie du tableau de Sainte-Marie-Majeure, attribué au pinceau de saint Luc et reproduit par un certain *Lucas il Santo*, peintre florentin ».

J'ai sous les yeux la photographie de l'image miraculeuse et de nombreuses reproductions faites du XVIIe au XIXe siècle qui ne me permettent point de retrouver les armoiries du frère de saint Louis, non plus que les figures des Apôtres entrevues par le R. P. Chevreux. Étant donné l'état actuel du tableau vénéré, on ne peut accepter que les armes d'Anjou et le groupe des Apôtres aient disparu, ou aient été effacés.

De plus, toujours en recourant à la légende rapportée, développée avec force détails historiques dans les *Chroniques barroises*, cet auteur affirme qu'au revers de ce tableau on lisait : « Sacro sancta effigies B. Mariæ Virginis Dei paræ, dono data charissimo filio in Christo Karolo, regi Siciliæ III°, iduam septembris, anno Incarnationis MCCLXVI Clemens episc. dedit (1) », puis au-dessus le nom du peintre « Lucas pinxit », quand, dans la deuxième leçon de l'*Office de Notre-Dame des Vertus* de 1768, il est dit seulement : « Sanctissime Virginis Deiparæ charta depictam imaginem sæculo decimo tertio multis jam tum patratis miraculis famosam dono dederat Urbanus IV Siciliæ Regi Carolo Andegavensium Duci ».

Il ne paraît point, d'après les descriptions précédentes, qu'aucun des auteurs précités ait porté son attention sur la nature du procédé de peinture employé par le créateur ou le copiste du tableau vénéré. Cette recherche était cependant d'une importance capitale, puisque, selon que l'image aurait été reconnue peinte à l'encaustique, à l'œuf ou à l'huile, dès lors il devenait facile d'établir son degré d'ancienneté et de déterminer s'il était possible de la faire remonter aux premiers temps de l'Église, comme le veut M. l'abbé Simon, ou seulement au XIIIe siècle, ainsi que l'indique la prétendue charte de 1581. Or, le tableau de Notre-Dame des Vertus étant une peinture à l'huile, on ne peut le croire antérieur au pontificat d'Urbain IV.

Si les procédés de la peinture à l'huile ont été connus dès le XIIIe siècle; si, lors des travaux exécutés au château d'Hesdin, en 1299, il est fait mention d'un achat d'huile, de colle et d'œufs pour servir à la préparation des couleurs (2), puis durant tout le XIVe siècle de l'emploi « de bonnes couleurs à ole » pour décorer les statues, les murailles et les panneaux de bois, on ne connaît cependant aucune peinture sur bois, sur toile, sur papier ou sur velin *faite à l'huile*, au temps du pape Urbain IV. Quoique plusieurs peintres flamands aient connu ce procédé vers la fin du XIVe siècle, il demeure établi que le perfectionnement apporté par Jean van Eyck dans le mélange des cou-

(1) Le R. P. Chevreux a fait remarquer très justement que la date de 1266 indiquée dans la prétendue charte était fautive; Urbain IV étant mort en 1265.

(2) *Mémoires de la Société des antiquaires de France*, 1875, t. XXXVI, p. 236.

leurs avec l'huile de lin et de noix ne remonte pas au delà de l'année 1420 (1).

Ainsi, on le voit, aucune description du tableau de Ligny ne donne de l'image de Notre-Dame des Vertus une idée exacte; il en est de même des reproductions nombreuses qui en ont été faites depuis trois siècles; c'est ce que je démontrerai plus loin en décrivant les gravures et les médailles de ma collection.

L'image vénérée fut-elle réellement soustraite en 1544 et recouvrée seulement en 1581?

Les faits consignés tout au long dans le procès-verbal de récupération du tableau de Notre-Dame des Vertus, puis reproduits sous une forme plus concise sur les vitraux de l'église paroissiale : *Exul a patria 1544, redux ad limina 1581*, ne s'accordent nullement avec les faits relatés dans le petit cartulaire que possède la Bibliothèque de Bar (Cat. n. 86), portant en suscription au haut de la première page cette mention :

« En ce p̄nt livre sont contenus les l̄tres des fondations faictes en l'église collégialle Nr̄e Dame de Liney par haulte et puissante Dame Marguerite de Savoie, contesse dudit Liney et de Brienne, des services, obiits et messes ès jours et lieux cy apres dectes, ainsi et par la manière qu'il s'ensuit » du 8 juillet 1549 (2) au 13 décembre 1581 (3).

Les actes contenus dans ce précieux manuscrit sont enregistrés par Jehan Fabry, scribe et greffier chapelain du Chapitre, par J. Fleuney et J. Fleury, notaires jurés au tabellionnage de

(1) Mgr Dehaisnes, *Histoire de l'art dans les Flandres, l'Artois et le Hainaut*. Lille, 1866, in-4°, t. III, ch. XXI.

(2) Antoine de Luxembourg et Marguerite sa femme, faits prisonniers en 1544, ne recouvrèrent leur liberté qu'en 1547.

(3) M. l'abbé Comus ne paraît pas avoir connu l'existence du Cartulaire de la Collégiale de Notre-Dame de Ligny-en-Barrois; volume en parchemin, composé de 45 feuillets. 230 sur 160 m/m.; reliure veau, doré sur tranche.

Ligny, par Jérome Collot, scribe et secrétaire de l'église, par Simon Fleury, notaire apostolique, et par Claude Cordier, notaire apostolique chanoine, jusqu'en 1581.

Le 8 juillet de l'année 1549, Marguerite donne à l'église collégiale une somme de 120 francs barrois pour la célébration de la fête de sainte Marguerite, sous la condition par les chanoines de dire « après pmières vespres, messe et secondes vespres, *Salve Regina*, avec *De profundis* et les Oraisons des trépassés à basses voix devant l'ymaige de Notre-Dame des Vertus » (cote A). Cette indication formelle de la présence de l'image vénérée dans la Collégiale se retrouve consignée, dans ce même petit cartulaire, sous les cotes C. J. L., durant les années 1553, 1554 et 1558, lors des fondations faites par cette même princesse (1).

Aussi le procès-verbal que l'on dit avoir été fait en 1581 paraît-il être un acte supposé « fabriqué dans un temps où l'on négligeait la sainte image, une tentative par laquelle on espérait ramener à son culte des populations que le récit d'un fait merveilleux était bien de nature à entraîner. Le style de cet acte, dit M. Bellot, qui ne rappelle en rien celui des actes du temps de Marguerite, me paraît démontrer sa fausseté; un tel événement fût-il en effet survenu, qui mieux que les chanoines étaient en état de rédiger le compte rendu de la recouvrance de l'image miraculeuse? Au lieu des noms obscurs consignés dans le texte du prétendu procès-verbal, on aurait vu figurer ceux des dignitaires de la Collégiale; rien n'eût été fait sans la participation du fameux Claude Cordier, notaire apostolique, secrétaire du Chapitre, l'un des rédacteurs de la Coutume de Bar (1579), initié à toutes les affaires de son temps. Alors on aurait vu d'autres noms que ceux figurant comme témoins

(1) Je ne puis m'arrêter à discuter l'observation suivante que, peut-être, il y avait alors dans l'église collégiale une autre image de Notre-Dame des Vertus, copie faite sur l'original conservé au Bouchon. Ce que l'on sait du caractère de Marguerite de Savoie et de sa dévotion à Notre-Dame ne permet point d'admettre que cette princesse ait reporté sa confiance sur une copie, quand il lui eût été si facile de rentrer en possession du tableau vénéré.

instrumentaires, Pierre Thiellement, Simon Vautier, Nicolas Meligny, François Husson, Jean Eynard, Barbe Contenot, gens inconnus, dont cet acte oublie de donner les qualités et qui ne se retrouvent point à cette époque parmi les représentants ou officiers de la ville, au nombre des notables ou des familiers de la Collégiale (1) ».

Dans le cours des années 1580-1581, on ne voit point Marguerite de Savoie manifester aucunement la joie qu'elle aurait dû éprouver de la recouvrance de l'image vénérée que l'on prétend avoir été rendue à cette princesse le jour de Noël (1580) et remise solennellement « en son premier lieu et tabernacle » le jour de la Purification (1581); le petit cartulaire ne mentionne aucune fondation en reconnaissance de ce fait presque miraculeux. De plus, comment admettre que le grand bruit qui s'était fait autour de la demeure de Lelièvre, du Bouchon, localité située à deux lieues de Ligny, par suite des faveurs éclatantes dont le Ciel ne cessait de combler l'heureux possesseur de l'image bénie, ne soit point arrivé aux oreilles de la comtesse de Ligny et à la connaissance d'aucun des habitants de cette petite ville « que l'enlèvement de la sainte image avait plongé dans la désolation », au dire de M. l'abbé Simon, qui nous montre « les chemins de la cité pleurant de ne plus voir les foules de pieux pèlerins accourir aux solennités saintes, les prêtres de la Collégiale gémissant dans le sanctuaire dévasté » (p. 44) (2).

(1) « Et entr'autres l'ont reconnue Pierre Thieblement, Simon Miget, Simon Vauthier, Pierrot Boy, Nicolas Meligny, François Husson, Jehan Errard, Barbe Contenot ». Ce passage du prétendu procès-verbal de récupération ne figure pas dans le roman du commandant Baillot.

Dans la liste des maires, je trouve Jean Vauthier en 1581, Jacques Vauthier en 1598, Pierre Husson en 1608.

(2) On m'a objecté que l'encadrement de fleurs, de fruits et de papillons peut avoir été ajouté au XVIe siècle sur une peinture d'une époque bien antérieure. Une telle supposition est inadmissible; rien ne l'autorise, et il suffit d'étudier l'ensemble du tableau pour en reconnaître le peu de valeur.

D'où peut venir la dénomination *des Vertus* donnée à la Vierge de Ligny?

Je connaissais seulement, en dehors de Ligny, deux sanctuaires placés sous l'invocation de Notre-Dame des Vertus; l'un à huit kilomètres de Périgueux (1), où se trouvait autrefois une statuette en cuivre rouge battu, ciselé et doré, que M. Gally fait remonter au XIIIe siècle (Catalogue du Musée de Périgueux, n. 302); l'autre aux environs de Paris, à Aubervillers (2); un troisième sanctuaire m'a été signalé par notre confrère, M. Léon Germain, comme existant à Poitiers, et tout récemment le hasard m'a fait connaître l'existence fort ancienne du culte de Notre-Dame des Vertus à Auxerre (3). Depuis j'ai pu constater l'existence fort ancienne du culte de Notre-Dame des Vertus à Offranville, près Rouen (4), à Dinan (5), à Azambucia, à Lisbonne, en Portugal, à Minina, à Fuente, à Salamanque, à la Villa-Nova, en Espagne. Enfin, il y avait autrefois à Paris, dans l'église Saint-Julien-le-Pauvre, une confrérie de Notre-Dame des Vertus (6).

(1) *Pèlerinage de Notre-Dame des Vertus*, par l'abbé Charles. Périgueux, 1870, petit in-18.

(2) On sait que la Vierge de plomb fixée au bonnet de Louis XI avait été rapportée d'un pèlerinage fait par ce prince, en 1474, à Notre-Dame d'Aubervillers, dite Notre-Dame des Vertus, quoique cette église fût dédiée à saint Christophe : on y voit une image trouvée tout en sueur au mois de mai 1336.

(3) En 1538, « Thomas Eusel et sa femme, accusés du crime d'hérésie et de secte luthérienne, sont conduits devant l'église d'Auxerre et de la chapelle Notre-Dame des Vertus, attenant à icelle, pour demander pardon à Dieu et y estre bruslés ». — *Bulletin de la Société des sciences historiques et naturelles de l'Yonne*, année 1894, p. 112.

(4) *Office de Notre-Dame des Vertus*, chez Mignard, à Rouen, 1816, in-18.

(5) *Imago B.-V. Miraculosa Dinanni in Gallia*, ch. 854. *Atlas Marianus.*

(6) J'ai rencontré à la Bibliothèque nationale une très curieuse gravure faite en 1642, représentant la Vierge couronnée, assise sous un dais,

Ne peut-on pas admettre que la renommée acquise au Moyen-âge par les plus anciens de ces sanctuaires de dévotion ait engagé la pieuse Marguerite de Savoie à propager, dans son comté, le culte de Notre-Dame des Vertus? Ne voit-on pas, à cette époque, s'établir dans toute la France de nombrenx centres religieux consacrés à Notre-Dame-de-Lorette, à Notre-Dame-de-Liesse (1), aux Notre-Dame du Puy (2), de Bon-Secours, de Foy ou de Paix, de l'Epine. Plus tard, au milieu du XVIIe siècle, en dehors du Barrois, à Étival, à Sainte-Marie de Pont-à-Mousson, à Bonfays, à Saint-Joseph de Nancy, s'élèveront des autels privilégiés en l'honneur de Notre-Dame de Benoîte-Vaux, où se rendront les pèlerins empêchés d'entreprendre un long voyage.

A quelle époque peut remonter la rédaction du prétendu procès-verbal de 1518?

Pour répondre à cette question, il faudrait auparavant faire examiner, par un archiviste-paléographe, cette pièce que l'on dit exister dans les archives de l'église de Ligny. Bon nombre de personnes en connaissent la teneur, quelques-unes ont sollicité la faveur de voir l'original, mais je n'en connais aucune à qui elle ait été accordée. Quant à moi qui, sans avoir vu cette pièce en nature, la déclare manifestement fausse, je suis tenté d'en faire remonter la rédaction au milieu du XVIIe siècle, alors que le pèlerinage de Notre-Dame de Benoîte-Vaux était le plus en faveur.

Mes recherches sur les anciens lieux de dévotion du Barrois et de la Lorraine ne m'ont procuré aucune mention de pèleri-

tenant une palme vers laquelle l'Enfant Jésus, assis sur ses genoux, tend la main droite, tandis que de la gauche il tient le globe du monde. On y lit : *La confrairie de Nostre-Dame des Vertus, la première fondée à Paris en l'église Saint-Julien-le-Pauvre.*

(1) A Annecy, à Gisors.

(2) A Nonancourt, près Paris.

nages accomplis devant l'image de Notre-Dame de Ligny au XVIe siècle. Dans le cours des années 1581-1583, alors que par toute la France eurent lieu de nombreuses processions pour demander à Dieu la conservation de la religion catholique et la fin des troubles du royaume, nous voyons les habitants de Ligny aller processionnellement à Saint-Nicolas-du-Port en 1582 (1), puis l'année suivante se joindre à Bar à plus de trente processions venues de toute la région, tandis que les habitants de Bar se rendaient à Ligny. Dans la relation de ce fait, il n'est point rapporté qu'on allait y prier devant l'image de Notre-Dame des Vertus.

Enfin quel peut être le prototype du tableau de Notre-Dame des Vertus de Ligny-en-Barrois?

Le célèbre tableau de l'église de Sainte-Marie-Majeure ne ressemblant, ni de près, ni de loin, à l'image de Notre-Dame des Vertus, j'ai dû rechercher s'il existait quelque peinture ancienne ayant pu inspirer l'auteur inconnu du tableau vénéré; je n'en ai trouvé trace ni au Cabinet des Estampes, ni dans les Galeries du Louvre consacrées aux primitifs de l'école italienne. Dans les dessins et croquis relevés par Papety, lors de sa visite au Mont-Athos, j'espérais retrouver une copie de la Vierge signalée en ces termes par M. F. A. Gruyer, dans son étude sur *les Vierges de Raphaël :*

« La Vierge peinte au Xe siècle par le moine Manuel Panselinos, dans l'église du saint monastère du Mont-Athos, est représentée assise, portant sur ses genoux l'Enfant Jésus, et

(1) « Payé à François Cordier, pour fournir aux frais et despens nécessaires à la procession de Liney à Saint-Nicolas, tant pour les peines du chartier, de son cheval, nourriture d'iceulx au long du chemin, que d'argent fourny aud voyage aux marguilliers, petite croix et bannière, par aulmosnes pour ly ayder à tous despens d'icelleux voyage, la somme de quatorze frans dix-huit gros ». Compte rendu par Didier Jeannot, dit Hallot, en 1582. Voir également les *Annales de la ville de Bar,* manuscrit ancien de M. Boucher, juge de paix à Ligny en 1892.

rayonnante d'une majesté singulière entre les deux archanges qui se tiennent à ses côtés » (I, p. 124).

Ne rencontrant aucune copie de ce tableau et désespérant de retrouver jamais le dessin de Papety, vu il y a vingt-cinq ans environ par M. Gruyer chez M. Sabatier, à Florence, je crois inutile de poursuivre plus avant cette recherche, surtout quand un membre de l'École française d'Athènes, M. Gabriel Millet, qui s'est occupé tout particulièrement au Mont-Athos des images de la Vierge, m'affirme ne connaître aucune *icone* dont le type puisse avoir servi de modèle à l'auteur du tableau de Ligny. Pour ce jeune érudit, le tableau sur bois de la Vierge attribué à Panselinos, que l'on voit près de l'autel dans l'église du couvent de Saint-Paul, ne ressemble en aucune façon à celui de Notre-Dame des Vertus; c'est inutilement qu'on chercherait dans une image byzantine le prototype inspirateur du tableau de Ligny; enfin Manuel Panselinos appartiendrait à une tradition flottant entre le XIVe et le XVIe siècle.

Le sentiment des personnes compétentes auxquelles j'ai soumis l'image de Notre-Dame des Vertus est au surplus unanime sur le caractère franco-flamand du prototype qui, au XVIe siècle, peut avoir inspiré un peintre de notre région. Je dis *notre région*, car, à cette époque, il existait dans le Barrois un certain nombre de peintres en renom, et à Ligny, même, une famille du nom de Villotte, dont plusieurs membres sont signalés comme s'étant occupés de peinture.

« En 1568, le Damoiseau de Commercy charge Mengin Villotte, de Ligny, de peindre ses armoiries sur cinquante écussons de ferblanc et deux ceintures noires (litres armoriées), faites en l'église des Chanoines de Commercy, lors des funérailles de D^lle^ Philippe de Sarrebruck, comtesse de Commercy, femme de Charles de Silly, qui mourut le 7 juin 1551. Pour ces ouvrages, Mengin Villotte reçut en paiement 6 livres 5 sous 6 deniers (1) ». En 1579, « par marché conclu entre les Cordeliers de Ligny et Jérôme Villotte, peintre à Ligny, pour mectre et rédiger en paincture bonne et raisonnable, en et sur une table d'autel,

(1) Dumont, *Histoire de Commercy*, t. I, p. 352, note 2.

toutes les hystoires qui luy seront monstrées de la vie et légende Monseigneur Sainct Françoys, tant en dedans que dehors et ès panneaux d'icelle..., dorrer les collonnes de fin or... et enrichir les corniches de colleurs ad ce convenables, y faire les portraicts et statures de Monseigneur de Luxembourg et de Madame (1) ».

Or, ne peut-il être permis de supposer que Marguerite de Savoie, que l'on sait avoir eu une très grande dévotion pour Notre-Dame des Vertus, dont alors le culte était fort en faveur à Paris et aux environs, en Poitou, en Périgord, en Bourgogne, en Champagne, en Normandie, désireuse d'avoir une représentation de la Vierge invoquée sous ce nom, l'eût commandée à l'un des peintres résidant dans la capitale de son comté, à celui-là même que nous voyons exécuter son portrait et celui de son mari pour les religieux Cordeliers, dont l'établissement à Ligny avait été confirmé, en 1536, par Antoine de Luxembourg?

S'il est impossible de préciser la date exacte de l'exécution de ce tableau, on sait du moins, avec toute certitude, qu'il remonte à la première moitié du XVIe siècle, c'est-à-dire au temps où vivaient Mengin et Jérôme Villotte.

---

(1) A. Roserot, *Inventaire des archives de l'Aube*, série E, p. 197.

CATALOGUE

DES

REPRÉSENTATIONS DE NOTRE-DAME DES VERTUS.

Il n'existe à ma connaissance aucune copie fidèle du tableau de Notre-Dame des Vertus; toutes les représentations que j'ai rencontrées sont traitées d'une façon plus ou moins fantaisiste et il semblerait que les artistes chargés de les exécuter, soit par la gravure, soit par la lithographie ou la peinture, n'ont jamais été en situation de prendre une copie de l'image vénérée.

Les photographies mises dans le commerce ne sont point des reproductions sérieuses de l'original; la moins imparfaite, exécutée en 1884 par M. L. Debrie, de Vaucouleurs, a été sensiblement retouchée; quant aux autres, elles paraissent avoir été prises sur des copies plus ou moins altérées de l'image miraculeuse. La meilleure, épreuve unique que je dois à la gracieuseté de MM. Étienne et Mouilleron, faite en 1874 par M. Weber, artiste peintre de la maison Champigneulle et Maréchal, peut seule donner une idée exacte du tableau en question.

Si je dois constater, à mon grand regret, l'insuccès de la requête présentée en mon nom par notre honoré président; si je n'ai reçu de nos confrères aucune communication au sujet des diverses représentations de l'image de Notre-Dame des Vertus, je dois à un hasard heureux, à mes recherches récentes à Ligny, la rencontre de plusieurs pièces dont la description mérite d'être mentionnée dans cette étude.

N'ayant point à décrire les nombreux tableaux peints sur

toile dans le cours des XVIIe et XVIIIe siècles, je signalerai tout d'abord les quelques reproductions sur papier dont il m'a été permis d'enrichir mes collections barroises.

IMAGES SUR PAPIER.

La plus ancienne est une gravure au trait mesurant 136 millimètres sur 105; l'exécution est loin d'être artistique et le dessin donne une idée fort inexacte du tableau original; le graveur a complètement modifié la pose des personnages, puis reproduit le sujet en le grandissant outre mesure. L'ange placé à la droite de la Sainte Vierge est singulièrement transformé; il apparaît tout entier quand, sur l'image vénérée, la tête, l'avant-bras et le sommet du genou sur lequel il s'appuie sont seuls visibles. Au bas, en dehors du cadre, tracée sur trois lignes, on lit l'inscription :

Notre Dame des vertus de Ligny en Barrois, dont
La fête se célèbre le 5e Dimanche d'après Paques
Fontaine fecit A Ligny ce 8e avril 1741.

Une épreuve ayant appartenu autrefois à Madame Du Val Baillot offrait comme signature : *Schwebach dit Fontaine*. Ce graveur doit être le père de Jacques-François-Joseph *Swebach dit Fontaine* ou de *Fontaine*, né à Metz en 1769, mort en 1824, peintre distingué dont les œuvres sont bien connues.

Dénuée de tout mérite, cette gravure, copiée plus tard par un orfèvre barrisien, fut rendue plus médiocre encore. L'épreuve que je possède est certainement l'œuvre d'un débutant impuissant à reproduire le modèle placé sous ses yeux; sur la troisième ligne de l'inscription le nom de Fontaine a disparu pour faire place à celui de Tabouillot.

P. F. Tabouillot F^t A Bar 1768.

Ce graveur appartenait à une ancienne famille dont plusieurs membres exercèrent à Bar la profession d'orfèvre. Dans un compte de l'année 1689, au nombre des orfèvres alors établis dans notre ville, sont cités Haussonville, Georges et Tabouillot (Dumont, *Hist. de Saint-Mihiel,* t. II, p. 123).

Les lettres initiales P. F., que je crois pouvoir lire sur la gravure précédemment décrite, me paraissent être celles des prénoms Pierre et Félix, donnés à plusieurs membres de cette famille (1), et s'appliquer à Pierre-Félix Tabouillot, né vers l'année 1717, marié à Marguerite Baudin en 1744, *orfèvre de son état,* lieutenant de la bourgeoisie de Bar, décédé sur la paroisse Saint-Antoine le 3 octobre 1787, *âgé d'environ soixante et dix ans.*

Peu satisfait sans doute de ce premier essai, notre graveur fit la même année une nouvelle reproduction du tableau de Notre-Dame des Vertus. Cette fois il ne copie plus l'œuvre de son devancier, il invente et grave une planche de dimension moindre (111/105), plus inexacte encore, sur laquelle, entre autres détails, l'ange jouant de la mandore est représenté debout. Sur le front de la Vierge, au lieu de l'ornement en forme de pendeloque qu'offre le tableau original, Tabouillot a placé une petite croix. Au bas de l'image se lit, tracée en quatre lignes, l'inscription :

Notre Dame des Vertus
De Ligny en Barrois
Dont la fête se célèbre le 5e Dimanche d'après Pâques
Taboüillot F^t A Bar 1768.

(1) Pierre-Félix, fils de Louis Tabouillot, né en 1746 ; — Pierre-Félix, fils de Pierre-Félix Tabouillot, né en 1749. — En 1739, un certain Nicolas-François Tabouillot, *orphèvre,* demeurait dans le quartier d'Entre-deux-Ponts, à l'entrée de la rue Rousseau, peut-être dans la maison habitée aujourd'hui par M. Salmon-Picquot (Procès-verbal des terrains occupés dans les fossés de la ville. Archives de la Meuse, n° 2977).

Nôtre-Dame des Vertus

De Ligny en Barrois,

Dont la Fête se célébre le 5.e Dimanche d'après Pâques.

taboüillot f.t A bar 1768

Cette mauvaise image interprétée à son tour par un graveur plus habile est devenue cette fois une œuvre qui, au point de vue du travail du burin, n'est point sans mérite. L'épreuve que je possède m'ayant été offerte sans marge, celle que j'ai rencontrée à Ligny ayant été transformée et recouverte de broderies d'or et de soie, j'ignore le nom de l'artiste qui l'a produite. Toutefois on lit, sur cette dernière, reproduite en trois lignes, l'inscription

Notre Dame des Vertus
De Ligny en Barrois
Dont la fête se célèbre le 5e Dimanche d'après Pâques

J'ignore s'il a été tiré des épreuves d'un cuivre fort curieux dont je dois la communication à M. Souchin, son très obligeant possesseur. Cette planche, de même dimension que les précédentes, d'une exécution moins soignée, sur laquelle le bras gauche de l'Enfant Jésus n'est pas reproduit, nous fait connaître le nom d'un nouveau graveur encore inférieur à Tabouillot; de plus, elle présente une particularité digne d'être signalée à l'attention des chercheurs.

Dans le fond du tableau, au second plan, apparaît, à la gauche de la Sainte Vierge, le profil nimbé d'un saint levant les yeux dans la direction d'un gros nuage vers lequel se dirigent des oiseaux. A droite, on lit, tracée en cinq lignes, l'invocation suivante :

St Abon et St
donat prié pour
nous et Sauvez
nous de la Foudre

Saint Donat ou Donatien étant toujours représenté en costume militaire, tenant à la main un étendard, le personnage reproduit vu de profil, revêtu d'un surplis, doit être saint Abdon. J'ignore toutefois pour quel motif le graveur a introduit sur sa planche la figure de ce saint et l'invocation qui lui est adressée.

Au bas de l'encadrement de l'image on lit tracée, en capitales romaines, sur cinq lignes l'inscription :

NOTRE DAME · DES VERTUS · DE
LIGNY · EN BARROIS · DONT · LA · FETE
CE CELEBRE LE 5e DIMANCHE ·
DAPRES PAQUES ·
GRUYER (Ici un cœur) 1773

Le nom de *Gruyer* se rencontre fréquemment au XVIIe siècle dans les registres de l'Hôtel-de-ville de Bar; toutefois, comme les rédacteurs des actes de naissance, de mariage et de décès ont très souvent omis d'indiquer la profession des personnes dont il est fait mention dans ces actes, je ne puis affirmer que le graveur en question ait été un habitant de Bar.

J'ai, sur ces registres, relevé les noms suivants :

Jean-Baptiste Gruier, né le 1er janvier 1738, fils de Paul Remi Gruier, ancien garde du corps de S. A. R. le duc de Lorraine.

Joseph Gruyer, né le 16 mai 1739, fils de J.-B. Gruyer, avocat.

Ch. Jean-Baptiste, né le 15 octobre 1743, fils de J.-B. Gruyer, avocat.

Jean-Baptiste, né le 19 mai 1747, fils de J.-B. Gruyer, avocat.

Nicolas Gruyer, époux de Dlle Marie-Magdeleine Magnier, décédé le 27 mars 1748.

François Gruyer, frère de Marie-Anne Gruyer, décédé le 17 décembre 1789.

IMAGE SUR SOIE.

L'image suivante, de même dimension, imprimée sur soie, qui m'est gracieusement communiquée avec autorisation de la reproduire, par M. Jules Morel, de Ligny, présente dans son

S^t. abdon et S^t. donat prié pour nous et Sauvez nous de la Foudre
NOTRE DAME DES VERTUS DE LIGNY EN BARROIS DONT LA FETE CE CELEBRE LE 5^E DIMACHE DAPRÉS PAQUES
1773

IMAGE SUR SOIE.

exécution certaines différences autorisant de classer cette nouvelle reproduction de l'image de Notre-Dame des Vertus au dernier quart du XVIIIe siècle.

La tête de la Vierge est entourée d'une auréole à rayons de forme triangulaire; son front est orné d'une ferronnière à laquelle est suspendue une petite croix. L'Enfant Jésus n'a ni nimbe, ni auréole; au lieu d'être supportées par l'avant-bras de sa mère, ses jambes reposent sur le haut du bras; la main gauche de la Vierge semble maintenir les langes sur lesquels il repose.

Les deux musiciens célestes sont également traités différemment; celui qui se trouve placé à côté de l'Enfant Jésus a l'air de gambader; il projette la jambe droite au-dessus du genou gauche et tient sa mandore très inclinée. Quant à son compagnon, il semble oublier de faire usage de sa main droite, dont les doigts devraient être placés sur les trous de sa flûte à bec.

Cette image ne porte ni date, ni nom d'auteur; au bas, on lit l'inscription tracée en trois lignes :

NOTRE DAME DES VERTVS
De Ligny-en-Barrois donb la feste ce
célèbre le 5e Dimanche d'après Pasques.

IMAGE SUR IVOIRE.

La plaque d'ivoire soumise à mon examen par son propriétaire, M. Collot, libraire, n'est point une œuvre sans quelque mérite. De beaucoup supérieure dans son exécution aux peintures, gravures et lithographies que j'ai eu l'occasion d'étudier, elle se signale surtout par la finesse des détails et la correction du dessin. Ses dimensions sont exactement celles de la planche en cuivre exécutée par Tabouillot, mais remaniée, corrigée et rendue plus ressemblante au tableau original; elle est traitée d'une manière suffisamment habile pour qu'on puisse se croire autorisé à refuser de reconnaître en elle l'œuvre de ce graveur dont, cependant, le nom apparaît au bas de l'inscription :

Notre Dame des Vertus
De Ligny-en-Barrois
Dont la Fête se célèbre le 5e Dimanche d'après Paques
taboüillot f^{t} a Bar 1768.

Comment, en effet, admettre que, dans le cours de la même année, cet orfèvre, si peu habile dans l'art du dessin et de la gravure au burin, ait pu ciseler, dans une plaque d'ivoire, l'œuvre délicate dont je regrette de ne pouvoir soumettre le moulage à la Société. On peut donc croire que l'artiste inconnu, auteur de cette pièce intéressante, en empruntant, pour le perfectionner, le dessin de Tabouillot, a reproduit, sans la modifier, l'inscription tracée par celui-ci.

IMAGES MODERNES.

Depuis le commencement du XIXe siècle, il a été publié d'autres représentations du tableau miraculeux, toutes aussi inexactes. Je possède les suivantes :

Dans un encadrement de 32 cent. sur 25, au bas de l'image de Notre-Dame des Vertus, sur un cartouche fixé au cadre est gravée l'inscription :

Notre Dame des Vertus de Ligny en Barrois
Dont la Fête se célèbre le 5e dimanche après Pâques
ou le 6e lorsque le 5e n'est pas en may.

puis en dehors du cartouche :

Se vend chez Willemard Crosian (Grosjean) *nég^{t} à Ligny, rue de Givroval, gravé et imprime par Toussaint à Metz.*

On rencontre des épreuves tirées en bistre, avec ou sans cette dernière mention.

Variété ayant les mêmes dimensions, un peu différente dans les détails, mieux dessinée et mise en couleur. Dans le cartouche :

Notre Dame des Vertus de Ligny-en-Barrois
Dont la fête se célèbre le 5e Dimanche d'après Pasques
ou le 6e lorsque le 5e n'est pas en may.

En dehors du cadre :

Se vend chez Wuillemard marchand, Place Notre-Dame à Ligny. Cl. Frussotte.

Je possède un exemplaire où toute cette légende est tracée à la main; il en existe des variétés où l'adresse du marchand n'est pas reproduite.

Enfin, une récente reproduction (75/57), sans nom de graveur, imprimée chez Houiste, 5, rue Mignon, à Paris, et éditée par Lion-Regnier, de Ligny, nous montre l'Enfant Jésus levant les yeux vers sa mère; la fleur qui devrait exister dans sa main gauche n'a point été reproduite par le graveur.

MÉDAILLES.

Les plus anciennes médailles frappées à l'occasion du culte de Notre-Dame des Vertus ne sont point antérieures au XVIIe siècle. Je possède les suivantes que distribuaient sans doute les religieux Capucins établis à Ligny.

Saint François d'Assise, agenouillé devant un rayon lumineux et recevant les stigmates; devant lui et reposant sur le sol une croix. En légende : S. FRANCISCE O · P · N. Au revers, la reproduction du tableau de Notre-Dame des Vertus; en légende : N · D · DES · VERTVS DE LIGNY E · B · R.

Module ovale, en argent.

Variété un peu plus récente sur laquelle les abréviations E · B · R sont remplacées par l'inscription complète EN BARROIS.

Même module, même métal.

Je n'ai point à énumérer ici les frappes modernes dont quelques-unes portent l'écu de Luxembourg.

En terminant, je crois utile de rapporter la note suivante qui n'est point étrangère à mon sujet.

Tandis que se fortifiait à Ligny la légende créée par le prétendu acte de 1581, il se produisait dans le pays du Bouchon, dit la tradition, un événement merveilleux qui m'a été ainsi conté.

« Dans une chapelle champêtre, située à environ 800 mètres du village actuel, existait autrefois une petite statue en grande vénération, taillée dans un tronc d'épines, ce qui avait fait donner à cette chapelle le nom de *Notre-Dame de l'Épine*. Or il arriva, au temps de la guerre de Trente-Ans, que des soldats, appartenant à un corps de Suédois en courses dans la région, s'étant emparés de la statue qu'ils emportaient avec leur butin, celle-ci revint miraculeusement à cette chapelle. L'ayant reprise, les soldats la remirent entre les mains de leur chef qui, à la première halte, l'oublia sous l'oreiller du lit où il avait reposé et continua sa route. Un homme du Bouchon, nommé Jean Le Lièvre, habitant au lieu appelé *le Preste*, recueillit cette statue, la cacha dans une de ses meules de paille qui se changea en blé. Sur la nouvelle de ce fait merveilleux, les Suédois revinrent sur leurs pas, maltraitèrent Jean Le Lièvre et s'emparèrent de nouveau de la statue.

Alors désespéré, suppliant, pleurant, voyant qu'il ne pouvait rentrer en possession de la statue dont la présence avait amené l'abondance dans sa maison, Jean Le Lièvre prit une serpe, coupa un tronçon de haie et en fit une nouvelle statue qui, tout comme la première, opéra en sa faveur les mêmes prodiges ».

J'ai choisi cette version parmi les quelques devoirs de vacances rédigés par les élèves de l'école communale du Bouchon auxquels, sur ma demande, Monsieur l'Instituteur avait donné à traiter, comme sujet de narration, la légende de Notre-Dame de l'Épine telle qu'ils l'avaient entendu raconter dans leurs familles.

Cette légende et celle de l'enlèvement de l'image de Notre-Dame des Vertus ont trop de rapports pour ne pas procéder d'une même tradition.

www.ingramcontent.com/pod-product-compliance
Lightning Source LLC
LaVergne TN
LVHW020247230826
846091LV00006B/2285

* 9 7 8 2 0 1 3 4 0 3 2 9 0 *